Brigitte Bee

Azur bring Helle

Transsprachliche Lyrik und phantastische
Namens-Anagramme

Bad Orb 2021

Bibliografische Information der Deutschen Bibliothek
Die Deutsche Bibliothek verzeichnet diese Publikation in
der Deutschen Nationalbibliografie; detaillierte
bibliografische Daten sind im Internet über
http://dnb.ddb.de abrufbar.

Satz, Layout: Michael Liebusch
www.kunstraum-liebusch.de
Einbandbild: Bild und Gestaltung Michael Liebusch
ISBN: 978-3-75430-410-5
Herstellung und Verlag: BoD, Books on Demand,
Norderstedt

Inhalt

Vorwort

Der Titel des Buches „Azur bring Helle" wurde aus dem Buchstabenvorrat des Wortes „Zauberlehrling" herausgelesen. Ein solches poetisches Anagramm sucht nach „Erhellung", indem die Buchstaben des Ausgangswortes jeweils alle in der neuen Zeile eines Gedichtes wieder verwendet und neu platziert werden (mehr dazu im Nachwort).

Die Anagramm-Gedichte nehmen sich nicht nur die Freiheit, Wort und Sinn zu erfinden, sie lassen auch hin und wieder die Rechtschreibregeln völlig beiseite und überschreiten die Grenzen des üblichen Sprachgebrauchs. Auf der Suche nach den „Zauberwörtern" sind oft Rhythmus, Metrum oder Wortklang ein Weg zum Ziel. Es entstehen scherzhaft rhythmisch strukturierte Wortkaskaden, changierend zwischen Sinn und verspieltem Unsinn. Ein Augenzwinkern ist hier und da auch dabei.

Die Wörter schaffen sich eine eigene transsprachliche Welt, ob es nun wilde Zwiegespräche zwischen den Wörtern sind oder ein geheimnisvolles Raunen aus dem Zwischenreich. So manches scheint gar völlig „aus der Luft gegriffen" und wurde doch aus dem Ursprungswort herausgehört.

Bei den Namens-Anagrammen zeigen sich durchaus auch mal direkte Bezüge zu den Personen. (mehr dazu unter Namens-Orakel).

Im Kapitel „ESTADET EST DATE EDASTET" scheinen sich aus den Buchstaben von Städtenamen rätselhafte Codes für Sehnsuchtsorte herauszubilden. In lateinisch wirkenden, babylonischen, rhythmisierten Pseudosprachen finden sich schillernde, mythische Facetten, Neuland also. Auch diese sind wesentlich geprägt vom Spaß am Klang einer Art Spoken-Word-Poetry.

Es empfiehlt sich, die Wörter laut zu lesen und sich dem innewohnenden Rhythmus hinzugeben, um den Genuss an den Wörtern auf den Stimmlippen zu erspüren und in den Körperzellen mitschwingen zu lassen.

Im Kapitel „LAGTAL TAGLAL ALGALT" erscheinen Wörter, Begriffe und Phrasen, die der Alltag mit sich bringt. Selbst der durch die Corona-Pandemie 2020/21 geprägte Sprachgebrauch birgt, meist unbemerkt, Phantastisch-Poetisches und Geheimnisvolles in sich.

Im Kapitel „AZUBRE URAZBE ZERABU" macht sich der Klang der Buchstaben selbstständig und begibt sich mit Bann- und Abwehrsprüchen ins Reich der puren Lautpoesie.

In dieser Buchausgabe wurde darauf verzichtet, den Namens-Anagrammen die Ursprungsnamen direkt voranzustellen. Im Anhang findet sich ein Namens-cocktail aller beteiligten Vornamen und teilweise auch Nachnamen, sodass es einen Versuch wert sein könnte, im Wortgewimmel mal zu schauen und herauszufinden, wo welche Namen umgedichtet worden sind. Vielleicht finden sich ja auch nahe Bekannte darunter. Findige Leser*innen erspähen eventuell ja sogar ihr persönliches Poesie-Anagramm und entdecken völlig neue Facetten und Potentiale, die sie an ihrem Namen oder in sich selbst noch gar nicht geahnt haben? Das Lesen und Sprechen der Texte sollte möglichst leichtgenommen werden. So kann es ohne Anstrengung gelingen, der Sprachmusik ihre Anspielungen und geheimnisvollen Offenbarungen abzulauschen.

N**O**MEN

NE**M**ON

MON**E**N

OMNE**N**

NAMENS-
ORAKEL

Nomen est Omen,

so unkt es sich leichthin im Scherz, angesichts eines Personennamens. Eltern haben sich meist lange überlegt, welchen Namen, außer dem des Paten/der Patin, das Kind erhalten sollte. Nach langem Suchen und mit großer Liebe gab man dem neuen Erdenwesen zusammen mit dem Namen einen „Rucksack" voller Wünsche mit auf den Lebensweg. Mit dem Namen wurde auch das Geschlecht festgelegt, wenn kein Wilhelm geboren wurde, so wurde es eine Wilhelmine. Ob dem Kind das dann später zupass käme, das würde sich zeigen. Viele Menschen haben im Lauf ihres Lebens versucht herauszufinden, was der Name denn nun bedeuten soll, und so mancher war nicht unbedingt zufrieden damit. Der Name erzeugt Assoziationen bei den Menschen, die einem begegnen, das kann zu Vorurteilen führen oder sogar zu Spott. Der Eigenname kann das Bild vom Selbst entscheidend prägen, nämlich dadurch, dass wir uns eine bestimmte Vorstellung davon machen, was wir wollen und nicht wollen, was wir tun könnten, wer wir sein könnten. Die Forschung nach der Bedeutung eines Namens war von jeher beliebt und förderte sagenumwobene Erklärungen zutage, so zum Beispiel Bezüge zu Heiligen, Adligen, Königen, Kaisern, Prinzessinnen und Prinzen, zu

Schauspielerinnen und Schauspielern, Romanfiguren oder Politikern. Einige Namen haben vor allem einen wohltuenden Klang.

Unsere Eigennamen können poetische Schlüssel sein zu einer anderen, uns noch unbekannten Welt. Kreative Menschen wählten sich oftmals ein Pseudonym oder auch mehrere. Oft wurden diese aus dem Anagramm des Eigennamens gebildet.

Namen sind nicht unbedingt ein Omen, aber wenn man sie lange genug betrachtet und ihre Buchstaben durcheinanderwirbelt und neue Wörter daraus baut, zeigt sich schon auch mal auf geheimnisvolle Weise ein Bezug zu Leben, Charakter oder Vorlieben eines Menschen. Ein Anagrammgedicht kann durchaus wie ein Orakel klingen und doch ist es Poesie, fröhliches Spiel mit der Sprache oder ein schillerndes Wörterlabyrinth, das zum Nachdenken und zum Schmunzeln anregen kann.

Wir lesen unsere Sprache von links nach rechts. Wenn wir das Wort OTTO von rechts nach links lesen, verändert sich nichts. Wenn wir EMMA so behandeln, wird eine AMME aus ihr und nach einer weiteren Buchstabenvertauschung eine MAME. Aus NAME wird AMEN, wenn wir den Buchstaben einen neuen Platz geben. Je länger die Worte sind, umso mehr Neuwörter entstehen. Durch eine Verwandlung von Wörtern eröffnen sich allerlei Möglichkeiten. Es werden Informationen verschlüsselt, also Geheimnisse übermittelt oder verborgen, es wird subtil manipuliert, die Menschen werden auch mal „veräppelt", belogen, betrogen oder es entstehen Traumwelten.

So fragil sind die Aussagen von Wörtern. Ebenso fragil sind Weltbilder, die sich wandeln, sobald die Perspektive sich ein wenig ändert.

In Märchen, Fantasyfilmen und Videospielen erfahren wir, dass die Kenntnis magischer Wörter Zauberkräfte verleiht. Die Kenntnis solcher „wahren" Namen eröffnet den Akteuren den Zutritt zu „neuen Welten".

Wenn man den Geheimcode eines Safes kennt, kann das zu Reichtum führen. Wer das Passwort eines Computers „geknackt" hat, könnte einen Konzern übernehmen oder Schlimmeres anrichten. Wir alle sind permanent gezwungen, Passwörter zu erfinden, um unsere Daten zu schützen. Ein Hacker kann das per Computer allerdings unter Umständen in Sekunden aufdecken und Datenmissbrauch betreiben. Die Kenntnis von Namen kann Macht bedeuten. Man denke an Rumpelstilzchen. „Ach, wie gut, dass niemand weiß..."

In diesem Buch aber sind die Namen das Tor zur Phantasie und Poesie.

```
NOMEN

O         O

M         M

E         E

NOMEN
```

sine

RUHIGER ALB-LENZ

BIN ALLGEHER ZUR
ENGELBALZ, HU, IRR,
BIZARRE HELLUNG
RUHIGER ALBLENZ
BERGZIEL RUHLAN
LABILE GRENZUHR
EIL, BERG, ZAHL NUR
AZUR BRING HELLE
LILA HERZBURGEN
ZUR LIEB LANGHER
HERZLING ERBLAU
HELLZAUBERRING

Grundlage dieses Anagramms ist das Wort
„Zauberlehrling", aus der Ballade
von Johann Wolfgang von Goethe.

CARO RICCI

CARO RICCI CHER BADIN
HERO BRICCI DARCA CIN
ENCRO DRICA BACCHIRI
NADA CHICCOR BERI CRI
RENO CHIRA IDRIC BACC
BRECHIC IRO CANI DRAC
HICRA NICCO DE BRICAR
BARDO CIRI CHICCE NAR
ARCHE NOA IRDIC BRICC
ARIEN-BOA CHICR DRICC

Ein allseits anerkannter naiver Maler und Oberkellner aus
Italien, der in London, Turin und Frankfurt am Main
Prominenz bediente.

redi

Eil-Buch-Schalmei

Lies! Mach Buechli:
Blaumilch`s Eiche,
Schachblumeli, ei,
Eibisch-Lach-Ulme,
Lauschmilch-Eibe.
Lachmuscheli bei
Eil-Buch-Schalmei.
Mail Ich-Lesebuch,
Micha Liebeluchs!

Frankfurter Künstler, Dichter, Verleger, Galerist.

veri

Miss Nylokker-Kraft

Ink-Sky-Floter Marks,
Kryneski Mars-Kloft,
former Skilkkn-Stay,
Kysmek Flin-Ork-Star.
Kosmen Arktik Flyrs.
Miss Nylokker-Kraft.

Leipziger Antiquarin, die Verkaufserlöse spendet.
(Bücher handeln → solidarisch).

nüff

Erbgut-Leibhirt

Burghirte liebt
Tibeti Bergl-Ruh.
Urheil bitt Berg:
Heilt Bibertrug,
Erbgut-Leibhirt.
Leb hurtig Trieb,
Gurr-Bittelhieb,
birre Hittelgub.
Reib Tigerbluth!
Tibet gib Urlehr!
Urtrieb: be light.
Trigibte leb Ruh!

Poetin, Performerin, Pädagogin,
langjährig in Frankfurt am Main.

sesch

ASTERNMAREI

ASTERNMAREI VIA
SATANMARIE: VIER
AN VERS, MAIA REIT
TRAVERS. IA MANIE,
EINSAM IA, VERRAT
IA MARSVATER NIE.
RASTE IN MIRA. AVE
ARIENSTAR, MAIVE-
STA. VIER AMEN RIA.
ANIMA VERRAT SIE
NIE. VERITAS AMAR.
VANITAS REI MARE,
REISEN VIA MARAT.

Beliebte Frankfurter Schauspielerin der 1970/80er Jahre,
Theaterarbeit mit Elisabeth Trissenaar und Hans
Neuenfels.

biense

DOGGENREH

DEN GROG HE,
DOGGENREH!
HOG-REGEND,
EHR DEN OGG
ERDEN-GHOG.
DROGEN-HEG
DREHE GONG.
DROH GEGEN
DORNGEHEG.
GEH GEN DOR!

Leipziger Verleger, Mystiker, Gründer des Vereins für integrale Ökologie.

ERBNAME

ERBNAME
EBERMAN
BREMANE
BEERMAN

AM REBEN
B-ARMEEN
NE AMBER
ARBEN E.M.
BERAMEN

MAR BENE
MEN BAER

Frankfurter Maler.

nenu

GIFTWORZELGEFLANK

FANG ERFOLG W., KITZLE
RITZLE WAFFENGOGKL
FLEGGOFENKATZL WIR-
RE WO KNIFFZEGGL TAL-
KLIFFZWANG GELTE OR-
TE GROLLWANZGEKIFF
GIFTWORZELGEFLANK

RATZ FOLGE FLINKWEG
FRATZGENGEL FIKWOL
FOLG KRATZFINGEL WE-
KLAGZINGEL WERF OFT-
GEZAG FORT ELFWINKL
ZWEIG ELF FORTKLANG

Frankfurter Künstler: Zeichnungen, Objekte,
Bühnenbilder, Performance, Frankfurt am Main.

Lastwachenruh

Sah Warnleucht.
Lacht Uhren was.
Stahl, Rauch, wen
warnt Schule? Ha,
halt! Wachse nur.
Eul-Schwur naht,
Wurst-Ahn lache!
Lastwachenruh.

Lithograph und Metallbildhauer,
Leiter einer Kunstschule in Frankfurt am Main.

fle

DREISSIG FAECHER

SAEGE, DRISCH FREI
SAG FRIEDE. SCHREI
ICH FRESSE GIER! DA
FRAGE SICH DIESER
DRACHE FREI. GEISS
ERDEI FISCHE GRAS
DREISSIG FAECHER
SIEG! SCHAERFE DIR
ASCHE DES IRRFEIG
FRISS DIE GERACHE
GEFRIER EISDACHS.

Frankfurter Zeichner und Grafiker.

wölfz

DADA IM SEE

MEIDE DAS A
DA EISDAME
EDDA AMEIS
DA SEI. DAME
ADE, DA MIES-
MEISE ADDA.
DE SADE IM A.
DADA IM SEE.
ASE AD DIEM.

Frankfurter Schriftsteller, Galerist,
Herausgeber der Kultzeitschrift „Der Egoist" ab 1965.

Homers Raga-Star

Homers Raga-Star,
harre Saga-Strom!
Taras Gram-Heros,
ora! Mehrst Ragas!
Grosser Atma-Rah.
Sorgsamer Arhat.

Heilpraktikerin, Bachblüten- und Yogatherapie,
Weltenreisende.

ARHAT = ERLEUCHTETER
ATMA = SELBST(SANSKRIT)
ORA = BETE
RAH = SEGELTRAGENDE STANGE
RAGA = MELODISCHE GRUNSDSTRUKTUR FÜR
INDISCHE MUSIK
TARA = ERLEUCHTETE; INDISCHE STERNENGÖTTIN,
ESSENZ DES MITGEFÜHLS (SANSKRIT)

URHANDS GLUT

TRUG HULD ANS
URLAND. HUGST
RUNDGLASHUT.
HALT URDUNGS
STRAHLUNG. DU
GUNSTRUH LAD
GRALSHUND TU
RUNDHALS GUT.
AH LUSTGRUND,
URHANDS GLUT!

Physiotherapeutin.

Seher-Diktai

Hat Eid-Skier,
da Kieshirte.
Kredite-Hasi
Seh Tier-Kadi!
Kreidest Hai,
steh Kai drei,
Seher-Diktai.
Kreis-Daheit,
sieh Akt drei.

Frankfurter Künstlerin, im Bankwesen tätig.

echshenz

ANKERFELZ

FERNKAZEL
NEKFRAZEL
FARNZEKEL
FAZLENKER
ARZELFENK
LERNFAKZE
ELFKNAZER
FRAZNEKEL
ANKERFELZ

Komponist für neue Musik, Musiker, Schauspieler,
Leiter einer Musiktheaterwerkstatt; Frankfurt, Düsseldorf.

bieshenz

RAH-BLICK VOR MOL

O VOLL KRAM; BRICH.
KROLL, BAR VOM ICH.
OB ROLLKRACHMIV,
RAH-BLICK VOR MOL.
OB KIRCH VORM ALL,
KROICH BRAV MOLL,
KRILL BACH. O VORM
ROM-KORB LACH VIEL,
BROMLOLCHVIKAR.
MOLCH BOR KLAVIR.
MOLOCH KLIRR AB! V.

Dirigent.

tachhenz

Ulch Ulknase

Huck Ase. Null
Nuck, hellaus!
Ah, Lucul, senk
Schall-Unke U.
Ulch Ulk-Nase,
he, Lulus Nack,
neck Uhl. Saul
luchse Luna K.

Pianist, Komponist für moderne Musik und
Musikpädagoge in Frankfurt am Main.

nunehenz

URKARISMATA

URKARISMATA
AIU ARMSTARK
MATA KRISURA
KURATA MARIS

SAKRA TAURIM
TRAUMA RISKA
KRUSTA AMARI
KARTA MAURIS

URIA ASTMARK
KRAUTMARISA
TURMKAISARA
UI KARMASTAR

Frankfurter Schauspielerin, im Heilberuf tätig.

Urschrei in Tasche

Ich, aus Sternreich,
schaute Irrschein,
ich scheuer Star. In
Treu, schier an sich.
Schrei sucht Arien.
Rausch richt es ein,
Seit Rauchschrein,
ach, Schere ist Ruin.
Ich streu Asche rin.
Rieche an Christus.
Urschrei in Tasche.

Expressive Sängerin für neue Musik und
Gesangspädagogin, Frankfurt am Main.

niedunzanswig

LAUDATE LIPPERICK

LAUDATE LIPPERICK.
DALIA RUECKTIPPEL
DRUCKE LILA PEPITA.
PIA TEILE ALPDRUCK.
PAUPAI TELLERDICK
LITERA DUECKALIPP,

EI TULIP, PACK RADEL.
ALPTICK ADIEU, PERL-
TIER PLICK PLAU. ADE
PIETA, PACKE URDILL.

Österreichische Künstlerin und Kostümbildnerin.

Urs-Elch-Hit

Thulis Reich,
Urs-Elch-Hit,
Ur-Hecht Ilis,
hi, reit Luchs ,
Leithirsch U. ,
reich `s Hutli!
Sei Licht-Uhr!

Komponist, neue Musik, Oboist, Frankfurt am Main.

deridunzanswig

UR-ELBENREH

HEB ERL-RUNE,
EHR UR-LEBEN.
LEHRE BUREN.
BLUEHERNER.
NEBELRUHER.
LUERB EHERN
UR-ELBENREH.

Ein Bücher- und Kunstfreund, Weltensuchender aus
Tübingen.

Urtiefe an Land

Elefant an Rudi:
Reite, dann lauf,
dann auf Leiter.
Anteil an Freud,
raunt Leda fein,
Dein alter Faun.
Urtiefe an Land.

Einem allseits beliebten Frankfurter Vermittler zwischen
den Kunstwelten gewidmet.

nüffdunzanswig

TAUCH REHBARBEN

HE BRAUCH BRATEN!
TAUCH REHBARBEN!
HUT AB BECHER RAN.
BACHE RAUNT HERB.
EBER RUH AB NACHT.
ER HAT BUCHRABEN.
BUCHNARBE HAT ER.
HAUCHT RABREBEN.

Ein fröhlicher, engagierter Schriftsteller und Archivar aus
Frankfurt am Main.

schesdunzanswig

EIN GROGRASEN

EIN ROGENGRAS?
NO, GRASREIGEN?
AERGER SONNIG?
EIN GROGRASEN?
NAGER IN SORGE?
GING ER AN ROSE?
SAG NEIN REGOR!

Naturmalerin aus Frankfurt Main im Zwiegespräch mit
ihren Visionen.

beniesdunzanswig

Oh, Sternwaise

Oh, Sternwaise,
hoerst ein Was.
Es sah ein Wort,
Weiss nahe Rot,
Rot, wie Hassen.
Wisse, oh, Traen:
Rose, Hain West
weiht Eros ans
Eisenwort. Sah
Asternwies, oh,
Rose. Anis weht
Winters. Oh, Ase.
Eros weint, sah
Steine, so wahr.

Schriftstellerin und Kunsthistorikerin aus Frankfurt am Main.

Ethos gaere nur

Ruhe. Toene. Gras
sang Treue, oh Reh.
Ego, raunt Seher,
Not graue her. Es
nagt euer Heros.
Sohn trage Reue.
Ethos gaere nur.

Historiker und Archivar aus Heidelberg.

HITZ-TURM ELF

ZIMTUHL TREF-
FE MITZL. RUHT
FITZERL? MUHT
HERZMUT? FLIT-
Z MUTTER HILF.
TERZL MIT HUF
FERZLT IM HUT.
MERZLUFT HIT
HELF ZUM RITT,
FLEH ZUR MITT.
HITZ-TURM ELF
MEZ FLUTHIRT.

Journalist.

greissid

Urhengst Asger

Urhengst Asger
graste hungers
Gerste. Sang: Ruh,
Grausstern geh!
Gruess-Ahn regt
Erregungshast.
Seher trug Gans.
Narr, geh, ess gut!
Sang Trugseher.

Bekannter Schriftsteller, Nobelpreisträger 1999.

niedungreissid

LAKRI HAR

RAKL HAIR
HARKL AIR

RARKL HAI
RAHRK LAI

RAR KILAH
ARA RIHLK
HAKLI ARR

KLIRR AHA
HIRL KARA

LAKRI HAR
IHR LAKRA

Multikünstler, Dada-Professor und – Buchautor. Förderer der experimentellen Poesie und Performance, in Siegen.

zewidungreissid

ERDORGELSTAR

EDLER GAST OR-
TE GRASRODLER
REDE GRALSTOR
GOLDRASTERER
STARGOLDERER
ERLODERST GAR
ERDORGELSTAR

Ein Kunstförderer aus Frankfurt am Main.

Ab Nacht ist Zier

Zeit brach Satin.
Arzt ist ein Bach.
Zart schabt ein I.
Ab Nacht ist Zier.
Zecht Asti in Bar!

Kulturmanagerin in Frankfurt am Main.

veridungreissid

NAMREICHE

ACH MEINER
ARCHE MINE,
MACH REINE,
REIME NACH,
NAMEN REICH
AM MEER. ICH
MACHE REIN-
ARMEEN! ICH?
ACH NEE, MIR
REICHE MAN
ARMEICHEN
MAIRECHEN
RAMIECHEN.
MARIECHEN
NAMREICHE
CHARMENEI
CARMEN, HEI.

Meiner lieben Mutter gewidmet 1999.

Bardes Rabenruh

Herr Brauseband
ehr Randaus Erbe.
Heb Rubensradar.
Harr Ursandebbe,
da Berbers Urahn.
Bardes Rabenruh.

Schriftsteller und Filmemacher.

schesdungreissid

DIES AT NIXE

EID-AXE EINST
DIES AT NIXE
SADIXTE NIE
IDE STAXINE
EXIT DASEIN
NIES DAXITE
TEXANIS DIE
NISI TEX ADE
DEINE TAXIS

Freundin aus Leipzig.

Buntre Energie

Ringtuer-Ebene
generiert Nube.
Eine trug Reben,
einer begruent
Treuerinne. Geb
buntre Energie.
Nur Reingebete.

Geigerin und Schauspielerin.

chatdungreissid

JOHN CAGE

HEJ CAN GO
GO JN AGE
JOCH NAGE
JAGE NOCH
ECHO JANG

ANGO CHEJ
GOCHE NAJ
NAJO CHEG
GOJA CHEN

NECHA GOJ
JAG O` CHEN
HEJ GOCAN
CHONA JEG
GANCHO JE

Komponist für moderne Musik und Perfomancekünstler.

unendungreissid

DEIN ASEWUTZ

WEID NETZ AUS
WEIS DATEN ZU,
DU NETZEI, WAS
AUS WENDZEIT
DA SEI: ZEN, WUT,
WETZ NEID AUS.
EIN WEST DAZU,
DAS U ENTZWEI,
ZAUS WEITEND,
WIE ZUSTAEND
DEN ZWIESTAU
AUS ZEITWEND.
DEIN ASEWUTZ.

ZWEITAUSEND

Orakel zum Millennium 2000 in: „Diagonal", Zeitschrift der Universität Siegen, Heft 2, 1999, Hrsg: Karl Riha.

zirevig

HUETTENGRAD

DEN TAG RUHET.
RETTE DU HANG
UND GERTE. HAT
ER DEN TAGHUT
HUETTENGRAD?
ED RAUNT: HEGT
NATUR! GEHT ED
HEUT DEN GRAT?
HUNDERT TAGE
TRAGET HUNDE.
DA GEHT UNTER.

HUNDERT TAGE

Anagramm-Orakel zur Ausstellung „Hundert Tage"
Literatur, Kunst, Musikperformance von Brigitte Bee,
Wolfgang Klee, Franz Klee. Im Refektorium des
Karmeliterklosters Frankfurt am Main, 1993.

Estadet

Est date

Tedaste

Porta Nigra

ORTA PINGAR

ROTA RINPAG

TORA PRANGI

ATROP ARGIN

TROPA RAGIN

PARIS

PARIS ARPIS PIRAS

PRISA IRPSA RISPA

SARPI PSIRA ARSIP

SPIRA SIRAP SARIP

Roma

ROMA ORMA RAMO

ORMA MORA MARO

RAMO AMOR MORA

MORA MARO ORMA

MARO AMOR MORA

AMOR ORMA ROMA

Neapel

ALP**E**NE
ELP**A**NE
PALENE
ALN**E**PE
NEPA**L**E

MADRID

DRIDAM
DAMDRI
DRAMDI
DIRDAM
MIRDAD
RAMDID
MARDID

PRAHA

PRAHA RAHAP
PARAH AHARP
HARPA APRAH

LEIPZIG

LEIPZIG	GEILPIZ
GEILZIP	GEIZLIP
ZIELGIP	ZIGLEIP
PEILZIG	ZEIGLIP
LIEPGIZ	GEPILIZ
PIEGLIZ	LEIZGIP
EILGIZP	GIZPIEL

Sᴀʟᴢʙᴜʀɢ

SALZBURG GRUBSALZ
BALGZURS LABSZURG
RUSZBLAG ZULBGARS
BULZGRAS BALZGRUS

Basel

BASEL EBLAS
SABEL LASBE
ALBES BESAL
ABLES EBLAS
LABSE SALEB
ABELS BASEL

Berlin

LEBRIN

LIBREN

NERBIL

RIBLEN

EBLIRN

REBLIN

KASSEL

LAKSES
LEKSAS
SEKLAS
LASKES
LESKAS
ASKLES

FRANKFURT

FRUNKFART TUFFKNARR
RAFFTRUNK FURNFARKT
KURRNTAFF

„Städte" entstand als Beitrag zur Garten-Kunst-
Ausstellung „Bahnhof Babylon" des Kunstraum
Liebusch, 2016 in Frankfurt am Main.

Beilstein

Liebste in
Steinblei.
Einst Leib,
teils Bein,
niste Ilbe.
Leit Binse,
bet leis in
Stieblein.
Lieben ist
beinsteil!

Ein geheimnisvoller Ort im Spessart,
zwischen Bad Orb und Lettgenbrunn.

ALGLAT

LAGTAL

TAGLAL

BLITZLUCHSER

BUSCH ZILLERT.
ZEBU SCHRILLT
BIS ZELTLURCH
BLITZLUCHSER
SITZ. URBLECHL
RITZ, BELL, SUCH
SCHLITZRUBEL-
ZUCHTSILBERL.

SCHERZLI BLUT,
LUTSCHZIRBEL,
SCHULBRETZLI.
LUST ZERBLICH.

BRUCH-Z-STILLE.

SCHUTZBRILLE 1

ECCE HIRO

ECCE HIRO
EHE RICCO
EHRE OCCI
HOCCI REE
ROCHE ECI

CHICOREE

Wockn Lod

DOCK LOWN
NOCKL WOD
DOCKL WON
WOCKN LOD
DOCKN LOW
NOW DOLCK
DOWN LOCK

LOCKDOWN

Les Nin

LES NIN
NILSEN
SENNIL
LINNES
SINNEL
INSELN

LINSEN

SAH BETTLAND AN

SAH BETTLAND AN.
HE ABT, ALSDANN,
LANDHAST BET AN.

A. NAHT BALD NEST?
NE, HAB SATT LAND!
NA, HABT LASTEND.

ABSTAND HALTEN

Asam Bit

AMBA SIT
BATA SIM
SATI BAM
TAMI BAS

MITA SAB
MISA TAB
SITA MAB
BISA MAT

ASAM BIT
ATAM SIB
SATAM IB

BASMATI

KASME

ESKAM
AKMES
MESKA
SAKEM

ASKEM
KASME
KEMSA
AKSEM

SEMKA
KEMAS
SAKME
AMEKS

MASKE

Cocca Pinup

PUCCI PANCO
CACCI PUNPO
NOCCI PACUP
PACCO PUNIC
COCCA PINUP
PANPU CICCO
COPPA NICCI

CAPPUCCINO

Pritz Mumfen

IM NETZRUMPF
FETZ, NIMM PUR
RITZ, PEN FUMM,
PRITZ MUMFEN,
MUMPF TINZER.
UMPF MINTZER
MUPF TRIMZEN,
TRUZ PFIMMEN,
PUMF TRIZMEN,
TRUMPF MIZEN.

IMPFZENTRUM

Potem

POTEM
POMET
PETMO
TOMEP
EPMOT
POTME
PETON
MOPTE
TOMPE

EMPOT
POMTE

TEMPO

Schrullbitze

BUTZSCHRILLE
SCHITZBRULLE
SCHRUTZBILLE
SCHRITZBULLE
SCHRULLBITZE
SCHRILLBUTZE
BRULLSCHITZE
BRILLSCHUTZE
BRITZSCHULLE
BRUTZSCHILLE
BITZSCHRULLE

SCHUTZBRILLE 2

N<small>ISI</small> P<small>AR</small>

NISI PAR
RASI PIN
NARI SIP
PARI NIS
SIRI PAN
NISA RIP

PRANI SI
SINPA RI
RASNI PI
NARPI SI

ASPIRIN

Pɪᴀᴍ Eɴᴅᴇ

IDEN PAME
DIEM PENA
DEMI PANE

PENI MEDA
DIEM APNE
MINDA PEE
EDEN PIMA
PEIN (M) ADE

PANDEMIE

Boot Der Lende

Lobe Erdentod.
Boot der Lende.
Leb Tor! Ode den
Broten. Edel Od
oder Tod. Nebel,
Tod oder Leben.

Leben oder Tod

Elbregendolde

Loder Elend, geb
Ole derb Legend.
Lederbengel, Do-
ge, Edler, lobend
Leerbeddlogen,
der Lobdengel.

Gelblonde Erde,
Goldedernebel,
Elbregendolde,
red, gellend Boe.
Ende loder gelb.

Geld oder Leben

B_{ei}T_{agweh}

Bei Tagweh
weiht Gabe,
teigab. Weh,
Beiweg hat
geweibt. Ha,
Weh, bei Tag.
Geb wie hat.
Geh weitab!

Wie gehabt

Dichtervolk

Narr, geh! Nein, Dichtervolk
horcht! Klinge da, verrinne.
Klag Vernichter, Dein Horn
denn hervor! Ein karg` Licht
vor Kindern heil´ger Nacht.
Denn hier ringt Rache Volk!

Kein Lachen dringt hervor

Schalltinte

Schalltinte
Lichtlasten
Stallnichte
Schlittenla-
sten. Lacht li-
la Lichtnest.

Stille Nacht

Weihharfenecho

Hirtwoch an Fee:
Wie focht Reh-Ahn
ohne Wichtharfe?
Hohnfreie Wacht?
Weihharfenecho.

Frohe Weihnacht

Zerabu

Urazbe

Azubre

Tullatulla
tubl tuissen
ulte targel
talfen trissen
tarántullá
tullatulla

tara
àntu
lala
lala
tubenneck
tubl weg

Wujwajwaj
watts watts taj
watta trumm
wettwerett
wäjdajwäj
derrett

Sch korr
schkorr
schbarrutz karratz
sch -------korr
bra bra schkorr

Lawi dawi sànko
maste chirwo rànko
rasko roska rit
lawi dawi did

Endwe dendwe schtrökenstrein
hulle duldart zweckerzrein
lirndel rar
hürdel mar
drenn divenn
den grommeldar

Im Keller huckt der Duschder
der dud dem Hutz den Schnuschder
im Keller schnutzt der Hutz
wann ihn der Dutz verbutzt

Schni schna kweine

der Kikka kützt im Schkeine
der Kikka kükerützt
unds Kützle krützt verschbützt

Endwe dendwe dasendusen
udder dudder Haddenhusen
endwe dendwe dutt
der Dudder hudderts Wutt

Schtunk schtunk schtunk
schtuk en in de Dunk
schnuckn ins Gehegg
schwupp is er weg

Isdr mürblig in den Zwasten
nerdel sabzühn Bardaslasten
Wurzzen wüspren bibberweil
unds Legum gunst Zwiggerschpeil

Labadürr
labadürr
labbadei

labbabbabà
lambulalei

lüb lüb
lambalalei
glüb lüb
lüb derbei

zum Schluss:

Schmetterling

singt Lerchmet-
ten-Glims recht
mechtlig ernst.

Schnittmelger
milcht Stern-
Lichtgermnest.

Sticht gern Mel-
len. Regt Schtim-
mett. Lerch sing:
Schletterming

Nachwort

Anagramme, so liest man, gab es schon im dritten Jahrhundert vor Christus, sie waren im Orient verbreitete religiöse Geheimschriften. Im 16./17. Jahrhundert waren sie als Wort- und Buchstabenspiel beliebt, die verborgene Botschaften durch die veränderte Zusammensetzung der Laute sendeten. Es wurden Anspielungen auf den Namensträger gemacht oder Autorennamen wurden auf diese Weise verschlüsselt.

Das Buchstabenversetzen kann mysteriöse Anagramm-Orakel, assoziative Wortspiele und rhythmische Nonsens-Gedichte ergeben.

Das Ausgangswort bestimmt nur indirekt den Inhalt, indem es seine Buchstaben vorgibt, die von dem „Buchstaben-Spieler" benutzt werden. Es gibt nur eine Regel, die lautet: Jeder Buchstabe des Ursprungswortes soll in jeder Zeile verwendet werden.

Dichterinnen und Dichter haben jedoch eine ganz eigene Arbeitsweise. Sie starren so lange auf ein Wort, bis die Buchstaben ein Eigenleben entwickeln und sich zu neuen Wörtern zusammenbauen. Wenn es sich um ein Namensorakel handelt, wirkt das Bild der Person oft noch im Hintergrund mit. Im Kopf der Poeten beginnen die Laute neu miteinander zu klingen und offenbaren in den veränderten Bezügen ihre innere Musik. Bedeutungsschwanger verwandeln die Wortgebilde die Gedanken und bestimmen somit auch den Inhalt. Es stehen viele Wörter zur Wahl, aber die poetische Phantasie lässt nur wenige zu. Aus diesem ureigenen Wörterleben entsteht manchmal eine Art Orakelgeschichte, manchmal aber ein mystisches Wortgewirbel.

Die Wörter können sich sozusagen in den anderen Zusammenhängen selbst neu erfinden. Sie könnten den Verlauf eines „Schicksalsliedes" bestimmen, das sich aus einem Urwort wie von selbst herausschält. Es könnten Zaubersprüche, Hymnen, Juxereien oder auch Charakterstudien entstehen, manchmal gibt es auch eine subtile „Wort-Kaffeesatz-Leserei".

Letztlich geht es um die Freude an der Sprach-Poesie, am Gesang der Wörter. Vielleicht können sie Anlass sein für einen veränderten Blick auf Menschen, Dinge und Ereignisse. Vielleicht ein Denkanstoß oder ein plötzliches Entdecken vom Hintersinn, der Aura der Wörter, ihrer Botschaft und der Weite ihrer Möglichkeiten. Die Wörter offenbaren zuweilen eine Art Sinnlichkeit und mitschwingende Emotionen.

Die Sprachquelle sprudelt immer neu, also keine Bange, dass es Langeweile geben könnte.

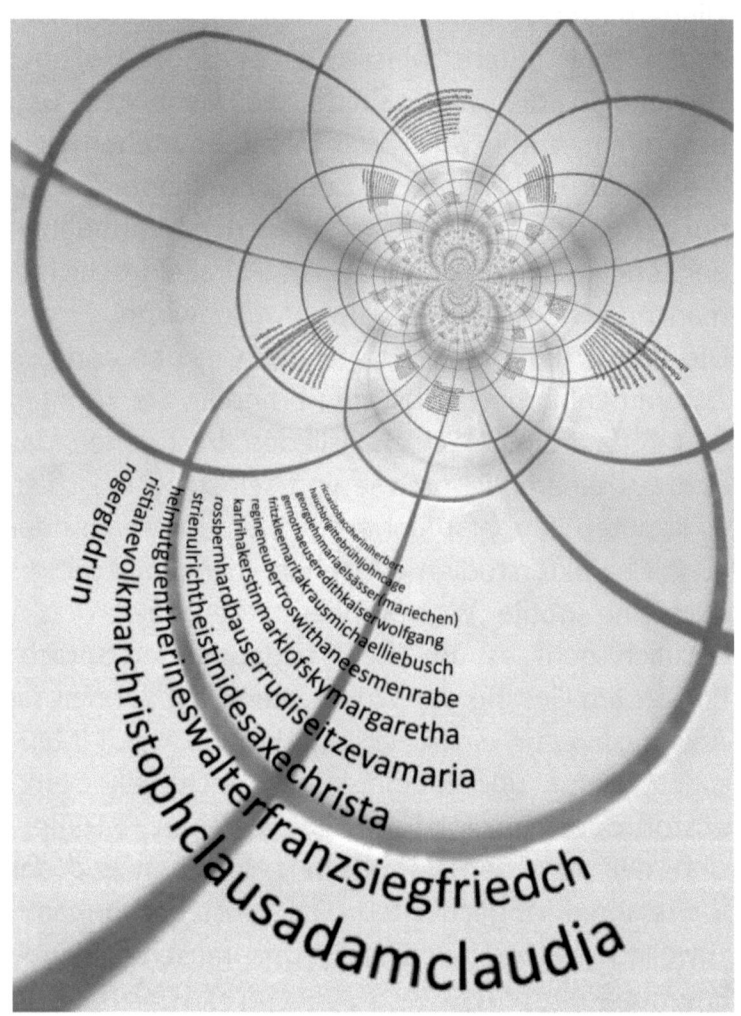

rogergudrun
ristianevolkmarchterinestinidesaxechrista
helmutguentheistinidesaxechrista
strienulrichtheistinidesaxechrista
rossbernhardbauserrudiseitzevamaria
karlrihakerstinmarklofskymargaretha
reginenbertroswithaneesmenrabe
fritzkleemartakausmichaelliebusch
germoteneuseredithkaiserwolfgang
ecougrethmariaeluässer(mariechen)
hochägretbruhljohncage
(corneliuscikernlherbert

Brigitte Bee

geb. 1953 in Langenselbold. Tochter von Maria und Fritz Elsässer. Ab 1972 wohnt sie in Frankfurt am Main, sie ist dort tätig als Lehrerin, Diplompädagogin, freie Autorin und Dozentin für kreatives Schreiben. Seit 2012 lebt und schreibt sie in Bad Orb.

Ab 1980 veröffentlicht sie Lyrik und Prosa in Zeitschriften und Anthologien in Deutschland, Österreich und der Schweiz. Ihre Werke erscheinen in Büchern, Hörfunk, Videos, Poesie-Performances und Musiktheater.

Das Dichten ist für Brigitte Bee Kommunikation mit der Welt und mit der Sprache selbst. Dabei entstehen Wortschöpfungen mit Lautmalerei und Sprachwitz und Lyrik unterschiedlichster Formen. Thematisch befasst sie sich mit existentiellen Inhalten, Befindlichkeiten von Menschen und Dingen und immer wieder mit der Natur. Gedichte von ihr wurden vertont von Ulrich Theis und Franz Klee. Bei Lesungen arbeitet sie gern mit Musikerinnen und Musikern zusammen, denn „Lyrik ist ja vom Ursprung her Gesang".

Buch-Auswahl

Brigitte Bee „Wirbelndes Sprechwerk- Wörter-sonnen" Araki–Verlag Leipzig 2014, 2. Auflage
ISBN: 987-3-941848-15-3
Brigitte Bee „Schoko-Parcours", Neuauflage, Araki-Verlag Leipzig 2014, ISBN: 978-3-936-149-18-0

Brigitte Bee/ Marie-José Aubrière/Danielle Talbot „Blau gefiederte Engel /Anges aux plumes bleues" Tentative de transfer réciproque, Araki Verlag Leipzig 2016, ISBN: 978-3-936149-19-7
Brigitte Bee/Hilde Heyduck-Huth „Der Kurpark Bad Orb – ein Loblied", Haiku-Lyrik, im Cocon-Verlag Hanau 2016, ISBN: 978-3-86314-332-9
Brigitte Bee „Nahseinsfeuer" Lyrik, Araki-Verlag Leipzig 2017, ISBN: 978-3-936149-26-5
Brigitte Bee „Strömende Stille der Landschaft", Poesiefilm von Bernhard Bauser, You Tube 2018

Brigitte Bee „Von Querköpfen und Taugenichtsen" Geschichten aus dem Frankfurt der 80er Jahre, Hrsg.: Kunstraum Liebusch Frankfurt/M 2020;
ISBN: 9783752627565
Brigitte Bee „Lisbeth lässt sich nicht unterkriegen" Geschichten über das Altwerden, Hrsg Kunstraum Liebusch Frankfurt/M 2020, ISBN: 9783752661965
Weitere Informationen: www.kunstraum-liebusch.de

„Von Querköpfen und Tauge-nichtsen" von Brigitte Bee 2020. Geschichten aus dem Frankfurt der 80er Jahre. Frankfurt/Main, BoD, 2. Auflage 2020. ISBN-978-3-752-62756-5 10 Euro. Paperback, 120 Seiten. Die Alltagshelden und Anti-helden dieser Geschichten ver-blüffen durch eine unverblümte Offenheit, radikale Mitmensch-lichkeit, phantasievollen Wider-standsgeist und gekonnten Um-gang mit dem Scheitern. Sie überraschen mit kuriosen und sehr speziellen Überlebensstra-tegien.„ Diese Wüteriche können auch träumen und utopische Weltmodelle entwerfen."

„Lisbeth lässt sich nicht unter-kriegen" von Brigitte Bee 2020. Geschichten über das Alt-werden. Paperback, 88 Seiten, Hg. Michael Liebusch, ISBN-13: 9783752661965. BoD: Wann be-ginnt das Altwerden? Mit der ersten Falte oder dann, wenn erstmals die Rente ausgezahlt wird, oder erst, wenn man pflegebedürftig wird? Lisbeth hat ihre eigene Weise, mit dem Älterwerden umzugehen. Einer-seits staunt sie über sich selbst, wenn hier und da der Körper nicht mehr so mitmacht. Ande-rerseits fühlt sie sich lange doch sehr brüskiert, wenn sie von ihrer Umgebung spürbar in die Kategorie der Alten einsortiert wird.

„Meine Interzone" von Michael Liebusch 2020
ISBN 978-3-752-66918-3, BoD 64 Seiten, 4 Abbildungen.
9 Euro (TB). E-Book ISBN 978-3-752-60105-3, 2,99 Euro. „Ich bin der Zwischenraum zwischen dem, was ich bin, und dem, was ich nicht bin", schreibt Fernando Pessoa. In diesen Transitzonen, Räumen des Übergangs, bewegt sich auch der Ich-Erzähler in Michael Liebuschs drei kleinen autobiografisch gefärbten Geschichten. Im scheinbar Alltäglichen kommt das Besondere zum Vorschein. Prägende Stationen auf dem Weg zum Erwachsenwerden werden treffend und humorvoll erzählt. Fast beiläufig kommt das Ungeheuerliche daher.

Raimund Gerz

„Eiscafe Cortina - immer prima" von Michael Liebusch 2021. Erzählungen aus dem Innenleben eines Kaffeehauses in Frankfurt/M. „So ist es im Eiscafé, wo es nach gemahlenem Kaffee und verbranntem Toast riecht, die Kaffeemühle einem das Hörvermögen raubt. Wo das Reparieren von Mobiliar und Maschinen vom Betreiber peu à peu selbst durchgeführt wird. Der Gast fragt sich immerfort, warum er eigentlich hier ist und er überhaupt im Weltenlauf da ist. Hier wird es philosophisch."